La vida silvestre en Centroamérica 1;

25 animales asombrosos que viven
en las selvas tropicales y los ríos

Fotografía y Texto de Cyril Brass

Muchas gracias por comprar este libro y al hacerlo

Recibe una copia gratuita del e-book sobre la clásica aventura de la vida silvestre:

"The Jungle Book" (english versión)

Visita

www.wildlifearoundtheworld.com

Por favor visite nuestro sitio web www.wildlifearoundtheworld.com para obtener información más detallada sobre la vida silvestre entre otros libros con imágenes impresionantes.

Texto. Todos los derechos reservados: © 2017 by Cyril Brass
Fotografía. Todos los derechos reservados: © 2016 by Cyril Brass
Publicado por: Brass Photography (1702300 Alberta Ltd.)
Dirección del editor: Calgary, Alberta, Canada
ISBN# 978-0-9949116-3-6

Imagen de portada: El basilisco verde
Imágenes de la contraportada: El perezoso de tres dedos y La rana arbórea de ojos rojos

La vida silvestre en Centroamérica 1;

25 animales asombrosos que viven en las selvas tropicales y los ríos

Fotografía y Texto de Cyril Brass

Tabla de contenido

Introducción

Bienvenido a La vida silvestre en Centroamérica 1; 25 animales asombrosos que viven en las selvas tropicales y los ríos parte de la Serie Wildlife Around the World.

Este libro es una gran introducción a la vida silvestre en Centroamérica. A través de un texto fácil de leer e imágenes llamativas, los lectores curiosos identificarán y aprenderán cerca de 25 especies de vida silvestre en las selvas tropicales y los ríos de Centroamérica.

El número de especies silvestres en Centroamérica es tan extenso que no podemos proporcionar imágenes e información sobre cada una en este libro. Este libro incluye una representación de los miles de increíbles animales que viven en y alrededor de las selvas tropicales y los rios de Centroamérica.

Cada página es atractiva e incluye impresionantes fotos a color y texto descriptivo, proporcionando una emocionante mirada a la amplia variedad de criaturas fascinantes e inusuales; desde coloridos guacamayo roja que viven en lo alto de los árboles hasta pequeñas ranas venenosas de dardo de fresa que viven en el suelo del bosque; desde caimanes con anteojos no agresivas que viven en los ríos y arroyos hasta víboras de pestañas que descansan sobre las ramas de los árboles en la densa selva tropical.

Estas páginas llenas de diversión proporcionan hechos e imágenes sobre cada uno de los 25 animales incluidos en este libro; cómo son, el hábitat en que viven, lo que comen, cómo los padres cuidan de sus crías, cómo se defienden de la naturaleza, y muchos otros detalles interesantes.

Cada vez serán más los lectores que entenderán y apreciarán el precioso mundo que nos rodea mediante la exploración y el aprendizaje sobre las muchas increíbles criaturas salvajes que viven en las diferentes regiones del mundo. Este libro atraerá la atención de los entusiastas de la vida silvestre y los amantes de los animales de todas las edades.

Acerca de Centroamérica

Centroamérica es la región geográfica meridional en el continente norteamericano.

Los siete países que conforman centroamérica son: Belice, Guatemala, El Salvador, Honduras, Nicaragua, Costa Rica y Panamá.

El tamaño de Centroamérica es 523,780 kilómetros cuadrados (202,230 millas cuadradas) representando el 0.1% de la superficie de la Tierra.

La formación de tierras de centroamérica conecta con México en Norteamérica y con Colombia en Sudamérica.

Hay cuerpos de agua en ambos lados de Centroamérica; El Océano Pacífico está en el lado oeste y el Mar Caribe está en el lado este.

Centroamérica es una de las regiones más bio-diversas del planeta que ofrece una amplia variedad de hábitat naturales y de ecosistemas. La zona ofrece espacio y alimento para un número abundante de especies de la vida silvestre en esta pequeña región geográfica.

Central America

Belize

Honduras

Guatemala

El Salvador

Nicaragua

Costa Rica

Panama

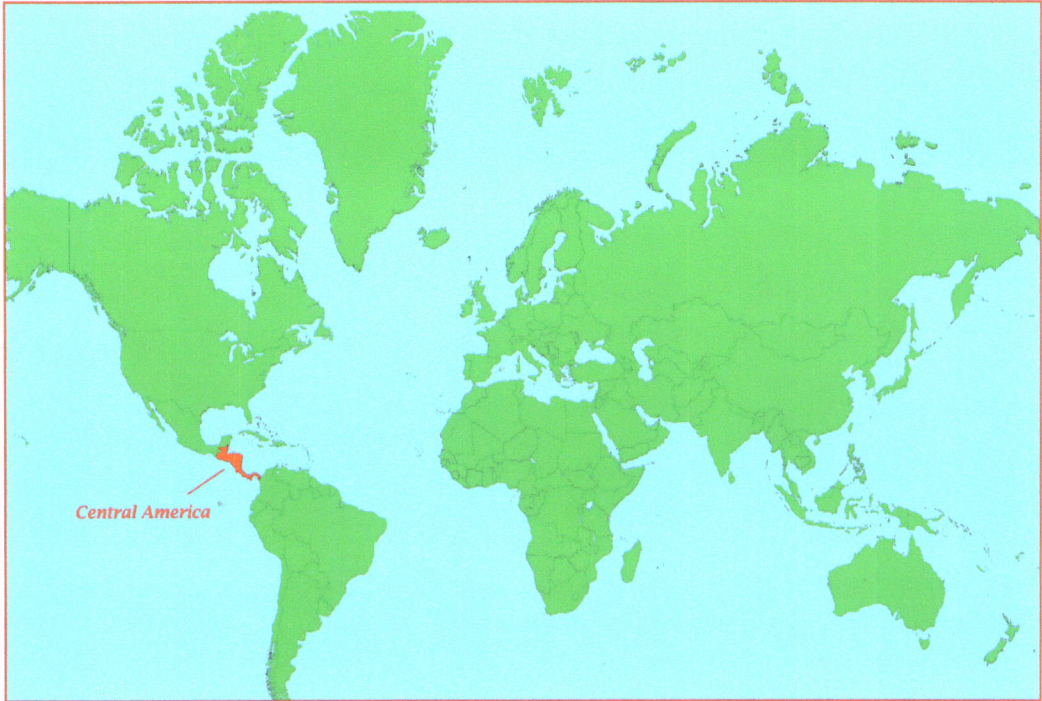

Central America

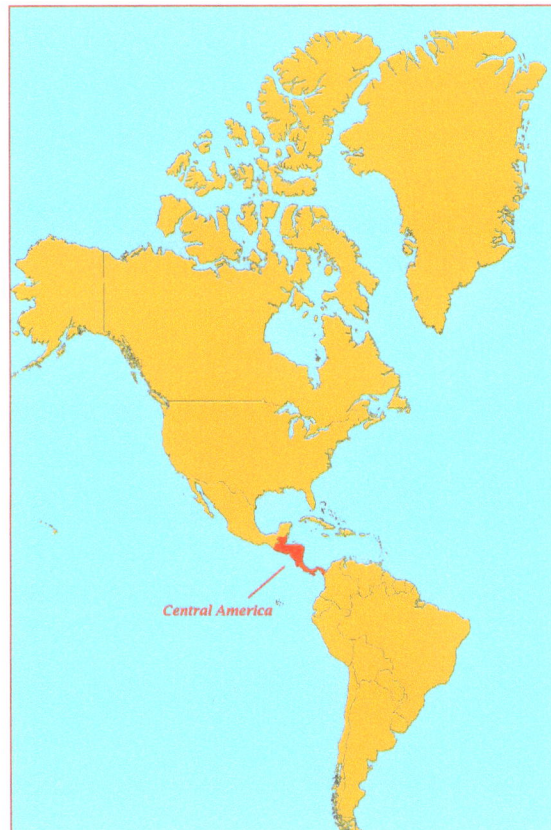

Central America

El mono capuchino

(Cebus Capucinus)

El mono capuchino o cara blanca es un mamífero altamente inteligente capaz de utilizar objetos como palos y piedras para propósitos específicos.

Estas criaturas diurnas pasan cada día recorriendo los árboles y la vegetación en busca de alimento. Rocorren todo el bosque desde el suelo hasta el dosel del bosque. Son omnívoros que comen una variedad de frutas, flores, semillas, insectos e invertebrados.

Son animales sociales vistos a menudo jugando entre los árboles, corriendo en el suelo o en silencio rascándose unos a otros.

El mono capuchino o cara blanca cuenta con una larga cola prensil utilizada para sujetarse firmemente sobre las ramas de los árboles, mientras busca obtener alimentos o saltar de rama en rama.

Las hembras dan a luz una sola vez cada dos años. El bebé recién nacido se aferra al pecho de la madre hasta crecer para después pasarse a la espalda de la madre.

El mono joven estará junto a su madre hasta que sea capaz de vivir por su cuenta. Durante este tiempo, aprenderá y desarrollará habilidades necesarias para comer, desplazarse y sobrevivir.

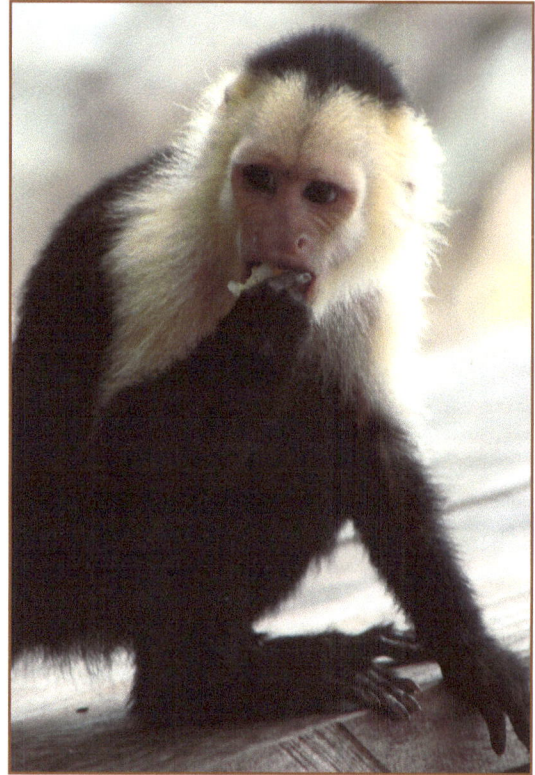

Esta especie de primate juega un papel vital en la selva tropical. Ellos dispersan el polen y las semillas de las plantas mientras recorren la selva.

El perezoso de tres dedos

(Bradypus Variegatus)

El perezoso de tres dedos, al igual que todas las especies de perezosos, es el mamífero más lento en la tierra. Es tan lento que hasta las algas crecen en su pelaje lo cual le da un aspecto verdoso.

Esta especie de perezoso tiene su nombre por el número de dedos que tiene tanto en las manos como en los pies; tres dedos en las manos y tres en los pies. Su pariente cercano es el perezoso de dos dedos, el cual tiene dos dedos en las manos y tres dedos en los pies.

Las largas garras de gancho en cada dedo y del pie son muy adecuadas para una vida arbórea.

La mayor parte de su vida se la pasa colgado boca abajo de las ramas altas en las copas de los árboles. Come, duerme y se reproduce mientras se cuelga.

Para conservar la energía en su cuerpo, duerme de quince a veinte horas por día.

El perezoso de tres dedos es un excelente escalador y nadador, pero en la tierra, su estructura corporal no lo permite caminar sobre sus brazos y piernas.

Este habitante del árbol sólo baja al bosque una vez a la semana para ir rápidamente al baño. Igualmente, es el instante en que mayor peligro corre y es extremadamente vulnerable a los ataques de predadores.

El agutí centroamericano

(Dasyprocta Punctata)

El agutí centroamericano es un pequeño mamífero que vive en el suelo del bosque.

Estos roedores tienen un aspecto similar a su pariente cercano, el conejillo de indias, los cuales tienen patas cortas y una cola. Tienen cuerpos delgados cubiertos de piel brillante de dos colores (rojo y marrón).

Estos herbívoros comen frutas, nueces, semillas, hojas y raíces. Se sientan sobre sus patas traseras, mientras comen alimentos que sostienen con sus patas delanteras.

Además, están equipados con dientes incisivos agudos que les permiten romper la cáscara de nueces duras.

A veces, los agutíes actuan como jardineros del bosque. Almacenan nueces y semillas en el suelo para comerlos después, pero si lo olvidan, las nueces y las semillas crecen en nuevas plantas.

Cuando estos animales terrestres perciben el peligro, se congelan, sin mover ninguna parte de su cuerpo, esperando que sus depredadores no los vean entre las hojas y ramas caídas.

MAMÍFEROS

El coatimundi de nariz blanca

(Nasua Narica)

El coatimundi de nariz blanca pasa la mayor parte del día en busca de comida en el suelo del bosque, cavando entre hojas caídas.

Estos omnívoros comen lagartos, pájaros, frutas y utilizan sus largos hocicos móviles para excavar y buscar insectos y raíces.

Este mamífero tiene una nariz larga, un cuerpo alargado, y una larga cola con anillos oscuros. Su grueso pelaje tiene una variedad de colores marrón, amarillento, marrón rojizo y negro.

Cuando un coatimundi de nariz blanca camina, su larga cola anillada se mantiene vertical agitándolo lentamente sobre la cubierta del suelo.

Viajan en grandes grupos llamados "bandas" de hasta veinte o más hembras con sus crías. Los machos son criaturas solitarias y se unen a las bandas sólo durante la temporada de apareamiento.

Estos parientes del mapache son escaladores ágiles. Por ejemplo, si son amenazados por depredadores, pueden escapar rápidamente a los árboles cercanos.

Igualmente, pasan las noches durmiendo entre las ramas altas en el dosel del árbol.

La nutria de río neotropical

(Lontra Longicaudis)

La nutria de río neotropical vive en el borde de lagunas, pantanos, ríos y corrientes dentro de densos hábitats forestales y vegetación.

Su cuerpo aerodinámico largo está cubierto por pelaje corto color marrón oscuro. Posee una capa interna suave cubierta de pelaje que ayudan a mantener la capa interior seca al entrar en el agua.

Esta nutria no tiene una capa aislante de grasa, por lo que depende de su pelaje para mantenerse caliente y seco.

Este mamífero semi-acuático posee poderosas garras en sus pies y una fuerte cola larga que actúa como una hélice permitiéndole ser un nadador eficiente y rápido.

A diferencia de otras especies de nutrias, las nutrias de río neotropicales son animales solitarios. Son criaturas tímidas y se mantienen alejadas de lugares con mucha gente.

La nutria de río neotropical es extremadamente rara en las selvas tropicales, ya que son una especie en peligro de extinción.

MAMÍFEROS

La rana arbórea de ojos rojos
(Agalychnis Callidryas)

Los grandes ojos rojos brillantes de la rana arbórea de ojos rojos se cree que son utilizadas para protegerse de los depredadores que se le acercan. Este repentino destello de rojo brillante en los árboles sorprende a los pájaros o serpientes. Los atacantes pausan por un segundo permitiéndole a la rana saltar rápidamente a un lugar seguro.

Cuando esta rana de árbol se desplaza a su hábitat arbóreo, su cuerpo de color es visible con patrones azules y amarillos brillantes en sus costados. Sus largos pies palmeados son un color naranja brillante.

A pesar de su coloración brillante en el cuerpo, las piernas y los ojos, la rana arbórea de ojos rojos no es venenosa, a diferencia de otras ranas tropicales de colores altamente venenosas.

Durante el día se duermen pegados bajo las hojas. Sus ojos los mantienen cerrados y todos los colores de su piel están ocultos, por lo que se camuflean perfectamente con la vegetación a su alrededor.

Estos anfibios nocturnos buscan alimento en la oscuridad. Se aferran a las ramas del bosque esperando atrapar grillos y polillas con su larga lengua pegajosa.

AMFIBIOS

La rana venenosa de dardo de fresa

(Oophaga Pumilio, Dendrobates Pumilio)

La cabeza y el cuerpo de la rana venenosa de dardo de fresa son de color rojo brillante, marcados con pequeñas manchas oscuras aleatorias. Los antebrazos y las extremidades traseras están coloreados en un azul brillante o azul morado.

Las patas azules les dan el nombre comúnmente conocidas como las ranas "blue-jeans".

Esta coloración brillante se utiliza para ahuyentar a los posibles depredadores. Es una señal de advertencia para indicarle a los otros animales que son venenosas y que no se acerquen. Su piel excrae toxinas dañinas e incluso mortales para algunos atacantes.

Esta especie de rana venenosa vive en el suelo y en la vegetación inferior de la selva tropical.

Las hembras ponen sus huevos en las hojas del suelo del bosque. Una vez que hayan salido del cascarón, los padres llevan a las crías en sus espaldas a las charcas del agua ubicadas cerca de la vegetación.

Estos pequeños y vocales anfibios (2.5 centímetros (1.0 pulgadas)) son animales territoriales que protegen un área de un metro cuadrado. Por lo general, pueden escucharse antes de ser vistos.

La rana humeante de la selva
(Leptodactylus Pentadactylus)

La rana humeante de la selva es una de las ranas más grandes en el mundo con un cuerpo de longitud de hasta 20.0 centímetros (7.9 pulgadas).

Esta rana nocturna se ve sobre todo por la noche cuando está en busca de comida. Pasa sus días en las madrigueras, debajo de troncos, o escondido entre las hojas.

La rana humeante de la selva espera para emboscar a su presa. Es un devorador voraz que consume casi cualquier cosa que pueda atrapar.

Es un carnívoro que puede comer otras especies de ranas, serpientes, lagartos, pájaros pequeños, así como grandes invertebrados.

Este anfibio terrestre se defiende liberando toxinas irritantes de su piel, causando al depredador a caer rápidamente. También infla sus pulmones, elevando su cuerpo en las cuatro extremidades dándole un aspecto más grande a sus posibles depredadores.

En aguas poco profundas, las hembras ponen aproximadamente 1,000 huevos en nidos de espuma flotante, creados por el macho.

El caimán con anteojos

(Caiman Crocodilus)

El caimán con anteojos está relacionado con el cocodrilo americano, pero es mucho más pequeño en tamaño alcanzando hasta unos 2.7 metros (8.6 pies). Los cocodrilos americanos pueden alcanzar hasta 7.0 metros (21.0 pies).

El nombre se deriva de las crestas óseas alrededor de la parte frontal de los ojos, obteniendo un aspecto de anteojos.

Estos reptiles no agresivos prefieren el hábitat de agua dulce. Rara vez salen del agua. Durante el día, se encuentran tranquilamente en el agua con sólo sus ojos y fosas nasales expuestos por encima de la superficie y por la noche buscan comida.

Los caimanes con anteojos son padres responsables, protegen de cerca el nido de huevos ubicados en un gran montículo de suelo y material vegetal construido cerca de ríos y arroyos.

Cuando nacen los bebés, las crías les indican a sus padres para abrir el nido. Usando sus bocas, los padres llevan a sus crías al agua cercana.

– 27 –

REPTILES

El basilisco verde

(Basiliscus Plumifrons)

El basilisco verde macho adulto posee una cresta en forma de vela distintiva en su cabeza, y a lo largo de la espalda y la cola. La cresta de las mujeres es más pequeña en tamaño.

La coloración verde brillante con manchas azules y blancas en sus lados y la cola le proporcionan un camuflaje excelente, permitiéndole mezclarse fácilmente en la vegetación.

Estos reptiles tienen la capacidad de funcionar en la superficie del agua durante una distancia considerable utilizando sus anchas, largas patas con un diseño especial y un estilo único de carrera.

Estos lagartos semi-arbóreos descansan sobre troncos, rocas y vegetación cerca de los ríos, los arroyos y los estanques. Esta posición les permite escaparse rápidamente de sus depredadores. Pueden meterse en los densos arbustos, sumergirse en el agua o deslizarse por encima del agua.

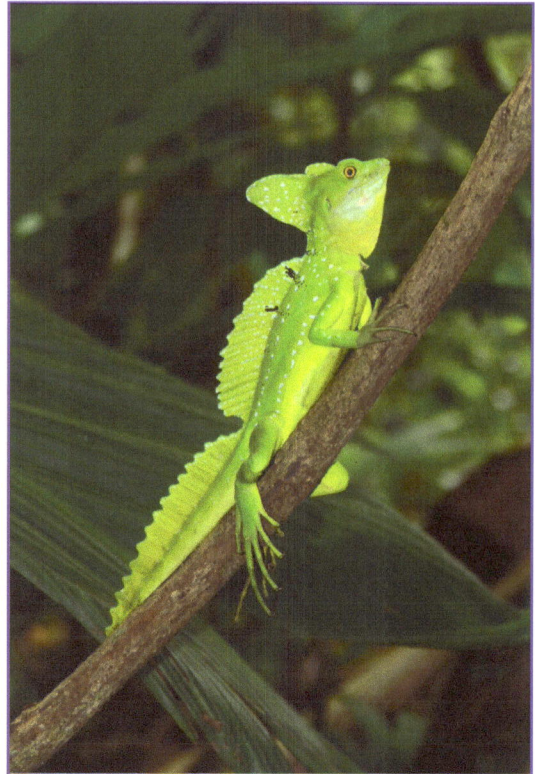

Los basiliscos verdes son omnívoros que se alimentan de una variedad de plantas, insectos y artrópodos, pero también se alimentan de lagartijas y peces.

La iguana verde

(Iguana Iguana)

La iguana verde tiene un aspecto similar al que poseen los dinosaurios con una larga cresta con escamas largas en forma de peine de cuello a cola.

Tienen una papada que cuelga debajo de la barbilla de su garganta. Por debajo de la oreja, a cada lado de la cabeza, se ubica una grande escama circular distintiva.

Este reptil de sangre fría pasa la mayor parte de su tiempo entre las ramas en lo alto de los árboles, tomando el sol ardiente. Se coloca en la vegetación en el borde de la selva tropical cerca del agua.

La iguana verde es principalmente un herbívoro, pero también come insectos y gusanos.

Una vez que la hembra coloca sus huevos, no existe cuidado adicional ni por la madre ni por el padre.

Los machos pueden verse flotando sus cabezas en comportamientos territoriales para ahuyentar a los posibles depredadores o para atraer a las hembras para el apareamiento. El cuerpo de los machos cambia de verde a naranja durante la temporada de apareamiento.

La vibora con pestañas

(Bothriechis Schlegelii)

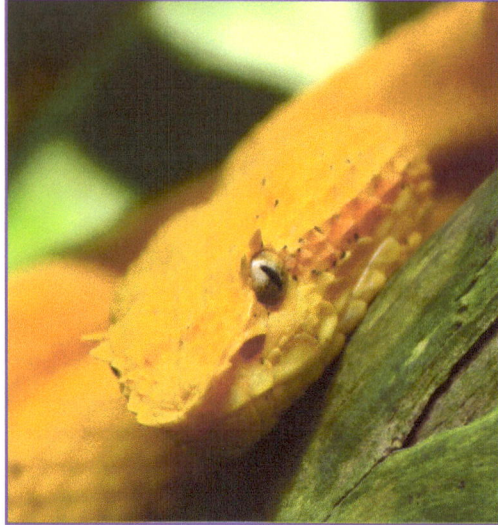

La víbora con pestañas es una serpiente pequeña y extremadamente venenosa. Crece hasta 80.0 centímetros (31.5 pulgadas), lo cual es corto comparándolo con otras especies de serpientes. El nombre se deriva de las dos a tres escamas tipo campana puntiagudos que sobresalen sobre cada ojo en aspecto de "pestañas".

Tienen dos fosas sensibles al calor entre los ojos y las fosas nasales. Las escamas de esta serpiente son ásperas y agudas al tacto, a diferencia de la mayoría de las otras serpientes cuyas escamas son suaves.

Esta especie de víbora tiene una variedad de colores. Por ejemplo, amarillo, verde, y moho, marrón, gris, y azul claro. A pesar de todos los colores, aún son animales bien camuflados, haciéndolos difíciles de distinguir entre las densas ramas, las viñas y la vegetación de la selva tropical.

Esta criatura arbórea no agresiva pasa la mayor parte de su vida inmóvil descansando sobre las ramas, los troncos, las flores y las frutas tropicales a la espera de su presa. Las víboras con pestañas son carnívoros que se alimentan de pequeños mamíferos, pájaros, lagartos y ranas. Atacan rápidamente a sus presas, inyectan un veneno hemotóxico con sus largos colmillos, esperando a que muera para después tragarlo.

Las hembras incuban los huevos internamente durante seis meses. Los huevos se rompen dentro de la hembra donde completan su desarrollo. Entre dos a veinte crecen dentre, todos idénticos a sus padres.

La serpiente de vid verde

(Oxybelis Fulgidus)

La serpiente de vid verde es una serpiente arbórea con un cuerpo verde delgado que parece un cultivo de la vid y su cabeza puntiaguda se asemeja a una hoja. Esta coloración permite a la serpiente estar bien camuflada en la densa vegetación. Su largo y delgado cuerpo puede alcanzar hasta 2.0 metros (6.5 pies).

La parte superior del cuerpo es de color verde brillante y la parte inferior es de color verde amarillento. Una estrecha franja de color amaillo-blanco corre a lo largo de cada lado del cuerpo y la cola.

Este reptil no venenoso tiene una cabeza aero-dinámica, una prominente nariz apuntada, una boca grande que extiende la longitud de la cabeza, y dos colmillos grandes en la parte posterior de la boca.

La cola prensil permite a la serpiente aferrarse a las ramas o enredaderas mientras alcanza su presa.

La serpiente de vid verde es un depredador de emboscada que espera para poder cazar su alimento. Este carnívoro come ranas, lagartos y pájaros pequeños.

La guacamaya roja
(Ara Macao)

La guacamaya roja es un miembro de colores marvillosos de la familia del loro. Este largo pájaro tiene un plumaje rojo brillante que cubre su cabeza y cuerpo con colores amarillo y azul en sus alas y cola.

Con su grande y poderoso pico es capaz de romper fácilmente los frutos secos y las semillas. Su pico en forma de gancho es de color blanco en la parte superior y negro en la parte inferior. Es muy eficaz en romper nueces y frutas.

Estas aves comen una variedad de nueces, frutas y flores salvajes. A diferencia de algunas guacamayas, esta especie no depende de una fuente de alimento por lo que le permite viajar largas distancias a diferentes lugares para alimentarse.

Tienen dedos de agarre capaces de agarrar las ramas estrechamente y sostener cosas más pequeñas para examinarlos de cerca.

Las guacamayas rojas son aves sociales inteligentes que se ven en pequeños grupos durante el día. Forman grupos más grandes cuando se aloja en los árboles durante la noche.

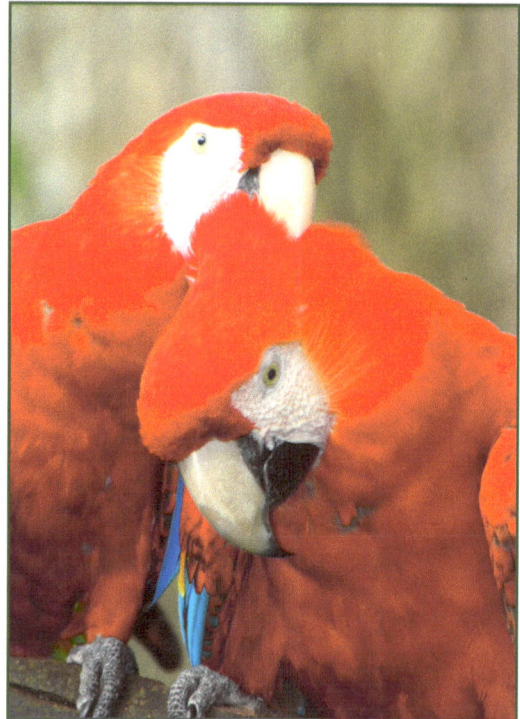

Sus fuertes gritos y sonidos se pueden escucharse a través del bosque.

Estas son criaturas monógamas tienen un único compañero de por vida. Juntos, crían a sus crías en enormes huecos de los árboles.

El tucán pico de quilla
(Ramphastos Sulfuratus)

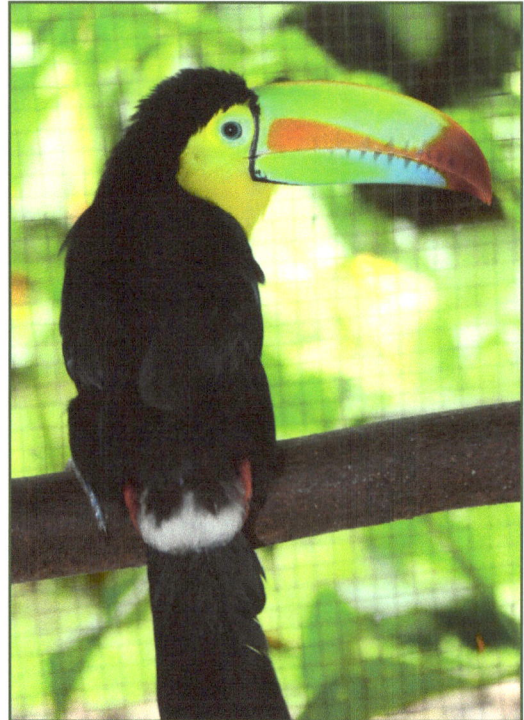

El tucán pico de quilla o tucán pico de arcoiris es conocido por su largo pico en tonos fascinantes de azul, verde, amarillo, naranja y rojo en la punta.

Aunque el pico parece grueso y extraño, en realidad es delgado y ligero que consiste en una estructura de hueso con estructura de panal fuerte por dentro.

Utilizan sus picos como herramienta para alcanzar las frutas en las ramas demasiadas ligeras para apoyar su peso. Con la punta del pico, recogen las jugosas frutas y semillas. Después, las lanzan al aire y las atrapan manteniendo la boca abierta.

Estos pájaros tropicales tienen un patrón de vuelo único de ráfagas con largos deslizamientos descendentes.

Los tucanes pico de quilla construyen sus nidos en los agujeros vacíos de los árboles, donde ambos padres cuidan de los dos a cuatro huevos y sus crías.

La anhinga
(Anhinga Anhinga)

La anhinga es un pájaro de agua muy distintivo que tiene una cabeza y cuello en forma de serpiente. Su aspecto y postura es similar al cormorán neotropical.

La vértebra modificada en el cuello le permite doblarse en una posición en forma de "S". Esta adaptación física le permite al ave empujar rápidamente su pico hacia delante para atrapar su presa.

A diferencia de otras aves acuáticas, el plumaje único del anhinga permite que las plumas se mojen rápidamente, ayudándoles a estar en una posición baja al nadar con sólo la cabeza y el cuello expuestos por encima de la superficie del agua.

Esta posición le da la apariencia de una serpiente acuática en movimiento por lo que se le ha dado al anhinga el nombre de "pájaro serpiente".

Las anhingas deben secarse las plumas antes de volar. Se posan en un tronco o rama en una postura erguida con las alas extendidas absorbiendo el calor del sol tropical.

Estas criaturas con plumas no cazan como la mayoría de otras aves acuáticas que buscan a su presa por encima de la superficie del agua. Por lo contrario, el anhinga bucea bajo el agua para cazar pequeños peces y los lanza con su pico afilado.

La jacana del Norte

(Jacana Spinosa)

La jacana del Norte es un pájaro pequeño común en humedales poco profundos. Crece en tamaño hasta 23.0 centímetros (9.0 pulgadas).

Tiene un cuerpo de marrón castaño distintivo y alas, una cabeza y un cuello negro con un pico y una parte frontal amarillo.

Estas aves acuáticas tienen patas y uñas muy largas que les permiten caminar en las almohadillas de lirio, jacintos de agua y otras vegetaciones flotantes.

Mientras caminan sobre la vegetación flotante, buscan insectos acuáticos, invertebrados, diminutos peces y caracoles.

Las hembras son aves territoriales que defienden un área con uno a cuatro machos. Las hembras se acoplan con todos los machos en su territorio.

Los machos son quienes cuidan los huevos y las crías. La única responsabilidad de la hembra es proteger el nido de sus depredadores mientras que los machos incuban los huevos. Los machos cuidan de las crías una vez nacidos.

La garza verde
(Butorides Virescens)

La garza verde es un pequeño pájaro de agua con una parte posterior color gris oscuro verde, un cuello marrón o marrón rojizo, negro en la parte superior y patas amarillas.

Mientras espera pacientemente que la presa se acerque, la garza se agacha con su cuerpo y con su cabeza junto a su cuerpo.

Estas aves solitarias se encuentran en habitats acuáticas con aguas poco profundas que dan la oportunidad de capturar peces pequeños, camarones, insectos y ranas.

A pesar de que estas garzas viven cerca de pantanos, ríos y estanques, no permanecen en el agua durante largos períodos de tiempo como otras especies de garzas más grandes. Por lo contrario, prefieren estar en la vegetación, entre las ramas de los árboles o en el suelo cerca del borde del agua.

Al cazar comida, las garzas verdes utilizan insectos, plumas, y ramitas como herramienta de anzuelo.

Una garza verde pone de dos a cuatro huevos en un nido construido en la vegetación cerca del agua.

La mariposa búho

(Caligo Eurilochus)

La mariposa búho es una de las mariposas más grandes del mundo con una envergadura de 13.7 - 18.3 centímetros (5.4 - 7.2 pulgadas).

Esta especie se caracteriza por el color azul-púrpura de las alas frontales superiores y la banda de crema en las alas.

La característica más distintiva son los dos grandes ojos de color amarillo en la parte inferior de las alas. Estos puntos representan los ojos de un búho que pueden funcionar para asustar a posibles depredadores. También tienen el objetivo de atraer y alejar a los depredadores de la mariposa.

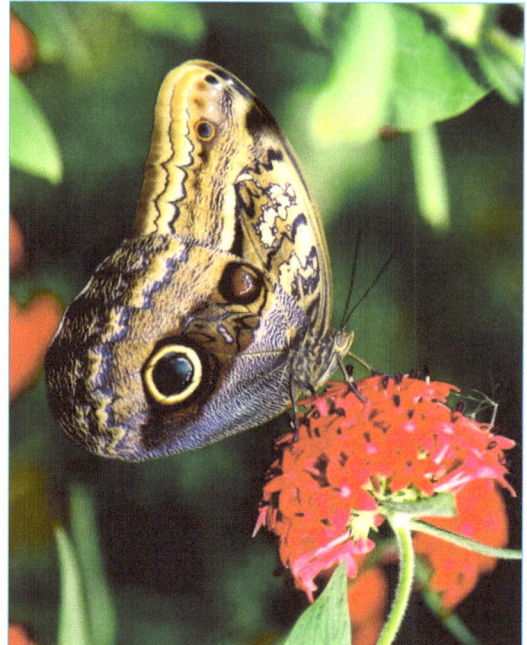

La mariposa búho vuela a través del bosque con solapando lento con sus grandes alas. Al aterrizar, se coloca en los troncos y ramas con sus alas cerradas para mezclarse con los colores del entorno.

Las orugas son comedores gregarios, consumen hojas de las plantas tales como heliconius, plátanos y cyclanthus.

Los adultos, mediante su probóscide, se alimentan de fruta podrida, la savia del árbol, estiércol de mamíferos y carroña, ya que hay pocas flores en las selvas tropicales.

Las mariposas búho son insectos diurnos, activos durante el día, desde el amanecer hasta el anochecer.

La mariposa morpho azul

(Morpho Peleides)

Las alas azules iridiscentes de la mariposa morpho azul crean brillantes destellos de azul contra la frondosa vegetación de la selva tropical. Este azul metálico brillante cubre la superficie del ala superior.

La parte inferior de las alas contienen el follaje circundante de marrones, grises, negros y rojos. La parte inferior está marcada con varios círculos.

Estas mariposas gigantes son habitantes del bosque, pero viajan en áreas abiertas asoleadas para calentar sus cuerpos por el sol. Los machos son criaturas territoriales que defienden su región natal de los machos rivales.

Tienen un patrón de vuelo rápido irregular mientras viajan a lo largo de la selva y los canales abiertos. Las grandes alas delanteras pueden alcanzar longitudes de 7.5 centímetros (3.0 pulgadas).

Un adulto utiliza su porbóscide para alimentarse de fruta podrida, la savia del árbol y la carroña. No se desplazan a las flores para obtener el dulce néctar. El adulto bebe su comida mientras la oruga la come.

Las mariposas morpho azul no poseen toxinas como otras mariposas tropicales. Confían en su patrón errático de vuelo como defensa eficaz contra pájaros depredadores, haciéndolos difícil de perseguir y atrapar.

El saltamontes gigante de alas rojas

(Tropidacris Cristata)

El saltamontes gigante de alas rojas es uno de los saltamontes más grandes del mundo. Estos insectos impresionantes pueden alcanzar longitudes de hasta 16.0 centímetros (6.3 pulgadas).

A diferencia de los adultos, las ninfas jóvenes son de color amarillo y negro. A medida que pasan por la fase madura de la vida, estos colores de advertencia se transforman en marrón oscuro para mezclarse en su hábitat. Parecen como si se trataran de dos especies completamente diferentes.

Los adultos tienen dos pares de alas rojas grandes con una envergadura de hasta 24.0 centímetros (9.4 pulgadas). Las alas anteriores se parecen a hojas.

Estos saltamontes tropicales son herbívoros que se alimentan de una variedad de plantas de la selva tropical.

Los machos vibran sus alas haciendo sonidos fuertes para atraer a las hembras para el apareamiento.

Los saltamontes gigantes de alas rojas utilian sus poderosas patas traseras, cubiertas de espinas afiladas, para golpear a los depredadores que se le acercan. También se defienden escupiendo un líquido marrón amargo a sus predadores.

El escarabajo rinoceronte

(Megasoma Occidentalis)

El nombre que tiene de escarabajo rinoceronte se debe a su cuerno largo, en forma de curva ascendente, que únicamente el macho posee.

El gran cuerpo en forma de cúpula, apéndices en forma de lengüeta y la cabeza que apoya diferentes tamaños de cuernos hacen de estas criaturas extremadamente únicas en el mundo de los animales. Estos grandes escarabajos alcanzan tamaños de 0.8-1.2 centímetros (2-3 pulgadas).

Las hembras son quienes eligen a su compañero. Esto se determina por quién tiene los mejores recursos, quién tiene los mejores sitios de alimentación que consta de grandes árboles en descomposición para poder reproducirse.

La etapa de larva del escarabajo rinoceronte dura hasta cuatro años antes de que emerja como un escarabajo de cuernos más amenazante.

A pesar de su aspecto amenazador, los cuernos son utilizados en batalla con otros machos para el control territorial rico en alimentos y campos de apareamiento. No se utilizan para combatir a los depredadores.

En proporción a su tamaño, los escarabajos rinoceronte son considerados uno de los animales más fuertes del mundo, capaces de levantar 850 veces su peso corporal. Si un ser humano tuviera esta fuerza, sería capaz de levantar un objeto de 65 toneladas.

La hormiga cortadora de hojas

(Atta Cephalotes)

La hormiga cortadora de hojas es un insecto trabajador cuyo nombre se debe a la forma en que corta las hojas, para después llevarlo a la colonia. Talla un pedazo de forma circular de una hoja y lo lleva en sus mandíbulas.

Las interminables líneas de hormigas trabajadoras desfilan por el tronco del árbol, transportando su carga a lo largo de caminos de la selva bien cuidados, libres de escombros y obstrucciones.

En la colonia, los trozos de hojas son masticados por las hormigas, pero no las comen. En su lugar, crean una composta para crecer un hongo nutricional. Es el hongo que las hormigas comen y alimentan a sus crías. La colonia subterránea es una granja de hongos.

Estos trabajadores interminables pueden encontrarse fácilmente en la selva tropical ubicando las largas filas con estos portadores de hojas; desde las ramas de los árbole a las pistas desgastadas en el suelo y hast la entrada a la colonia subterránea.

Hay cinco tamaños diferentes de hormigas cortadoras de hojas. Cada uno tiene un trabajo específico en la colonia organizada; Minims (Cuidadores), Menores (Guardias), Medios (Forrageadores), Majors (Soldados) y la Reina.

La tarántula de rodilla naranja

(Megaphobema Mesomelas)

Para tener una apariencia intimidante, la tarántula de rodilla naranja es una criatura frágil y se mueve delicadamente alrededor del suelo del bosque.

Una clara señal de advertencia de que una tarántula se está volviendo agresiva es cuando se eleva en sus patas traseras, a veces añadiendo un silbido enojado.

Los colmillos de la araña se ubican debajo de su cabeza para que la araña pueda colocarse encima de su presa.

Aunque el veneno de una tarántula no es fatal, la mordedura puede ser profunda y dolorosa. El veneno es utilizado para aturdir a la presa y defenderse al ser atacado.

Estas arañas son cazadores terrestres, no hilanderas. No tejen una tela de seda para atrapar a sus presas como la mayoría de las especies de arácnidos comúnmente conocidos.

Cavan una madriguera en el suelo o construyen nidos hechos de hojas, alineado con la seda.

Este arácnido utiliza sus patas delanteras como antenas para sentir lo que tiene en frente. Este método le da a la araña un sentido más fuerte de su entorno que la prevista por sus ocho ojos pequeños.

Las tarántulas de rodilla naranja son animales nocturnos que salen al atardecer o en la noche para aparearse y cazar. Los machos son animales territoriales que defienden su territorio de otros machos.

ARACNIDOS

El milpies grande del bosque

(Nyssodesmus Python)

A pesar de su nombre, el milpies grande del bosque o milpies pitón no tiene 1,000 pies, sino entre 80 y 400 dependiendo de la especie.

Son criaturas de movimiento lento incapaces de desplazarse rápidamente con tantos pies por coordinar. Estos invertebrados terrestres pueden alcanzar tamaños de hasta 10-12 centímetros (3.9-4.7 pulgadas).

Poseen cuerpos aplanados, cilíndricos, y una veintena de segmentos estrechos coloreados en canela con rayas de color marrón o negro. Cada segmento del cuerpo tiene dos pares de patas excepto los primeros tres segmentos.

A diferencia de los cienpiés, los milpiés no pueden morder, pellizcan o pican para protegerse. Su defensa principal es liberar un mal olor de secreción líquido venenoso con cianuro de hidrógeno de su cuerpo. Una segunda defensa contra el peligro es enrollarse en una espiral escondiendo sus delicados pies y vientre suave bajo su blindado exterior.

Estos carroñeros son herbívoros y detrituros que consumen material vegetal vivo y materiales en descomposición como hojas y madera.

Los milipies grande del bosque tienen un papel importante en las selvas tropicales ayudando a descomponer la materia vegetal en descomposición que devuelve los nutrientes esenciales nuevamente al ecosistema.

Glosario de términos

Alas frontales (n)	las dos alas delanteras de un insecto de cuatro alas
Anfibio (n)	un animal capaz de vivir tanto en el agua como en la tierra
Arácnidos (n)	un grupo de animales pequeños similares a los insectos, pero que tienen cuatro pares de patas
Arborea (adj)	el estilo de vida de un animal que vive en los árboles
Artrópodo (n)	un animal invertebrado que tiene un esqueleto externo, un cuerpo segmentado y extremidades articuladas
Camuflaje (n)	la apariencia de un animal cuando se coloca sobre un fondo que hace que el animal sea difícil o imposible de ver
Carnívoro (n)	un animal que come carne
Carroña (n)	la carne de animales muertos
Cola prensil (n)	una cola que puede ser curvada para agarrar una rama y que puede soportar parte de todo el peso del animal
Colonia (n)	un grupo del mismo tipo de animales que viven juntos
Depredador (n)	un animal que caza otros animales para comer
Detríturos (n)	un animal que come materias orgánicas muertas en descomposición de plantas y animales
Diurno (adj)	un animal que está activo durante el día
Dosel del árbol (n)	la capa superior o la zona del habitat formada por las tapas de árboles
Ecosistema (n)	una comunidad de organismos y su entorno físico que interactúan como una unidad
En peligro de extinción (adj)	de alto riesgo y amenazado de extinción
Especie (n)	un grupo de animales estrechamente relacionados que poseen características comunes y se cruzan libremente en la naturaleza y producen descendencia fértil
Gregario (adj)	tendiendo a vivir en grupos
Hábitat (n)	un área ecológica o ambiental donde una especie particular de vida animal
Herbívoro (n)	un animal que come materiales vegetales
Humedales (n)	áreas terrestres como pantanos y donde el agua cubre el suelo o está cerca de la superficie del suelo todo el año
Insecto (n)	un animal que tiene un exoesqueleto, un cuerpo de tres partes, tres pares de piernas articuladas, ojos compuestos y un par de antenas
Invertebrado (n)	un animal que carece de una columna vertebral

Iridiscente (adj)	briillando con muchos colores diferentes cuando se ve desde diferentes ángulos
Larva (n)	la etapa inmadura de un animal antes de la metamorfosis
Madriguera (n)	un agujero o túnel cavado en el suelo por un animal pequeño
Mamífero (n)	un animal que da nacimiento (no de huevos) y los alimenta con su propia leche
Metamorfosis (n)	el proceso por el cual la criatura como un insecto o anfibio cambia su forma de un huevo a una oruga a un capullo a una polilla o mariposa; de un huevo a una ninfa a un adulto; o de un huevo a un renacuajo a una rana
Monogamó (adj)	la relación entre una hembra que crean un vínculo de por vida y no tienen múltiples compañeros
Ninfa (n)	una forma inmadura de un insecto
Nocturno (adj)	un animal que es activo por la noche
Omnívoro (n)	un animal que come una variedad de alimentos que puede incluir plantas, animales, algas, hongos y bacterias
Pájaro (n)	un animal de vertebrado, emplumado, alado, bípedo, de sangre caliente, que pone huevos
Papada (n)	un pliegue de la piel carnosa que cuelga abajo de la barbilla y del área de la garganta
Plumaje (n)	las plumas de un pájaro
Presa (n)	un animal que es atacado por otro animal
Probóscide (n)	un delgado órgano tubular en la cabeza de un invertebrado usado para succionar o perforar
Selva tropical (n)	un bosque ubicado en una región caliente del mundo que recibe mucha lluvia
Semi-acuático (adj)	capaz de vivir tanto en tierra como en el agua
Solitario (adj)	viviendo solo sin otros
Terrestre (adj)	viviendo en el suelo
Tomando el sol (v)	el comportamiento de descansar en el sol como una forma de elevar la temperatura corporal, comúnmente realizada por los animales de sangre fría
Toxina (n)	una sustancia producida por un ser vivo que es venenosa para otras criaturas
Venonoso (adj)	una criatura posee una sustancia venenosa usada para protección contra depredadores
Vertebrado (n)	un animal que posee una columna vertebral o columna vertebral
Vida silvestre (n)	especies animales no domesticadas que viven en la naturaleza

Índice

Acerca del fotografo y autor

El fotógrafo y autor independiente, Cyril Brass, con publicaciones sobre la vida silvestre, presenta una combinación entre texto informativo y fotografías únicas que detallan muchas características y comportamientos interesantes sobre las diversas especies que habitan la selva tropical y los riós de Centroamérica.

Cyril siempre ha estado interesado en animales salvajes en países lejanos. Una vez que se le dio por viajar, pudo aprender y fotografiar de primera mano, encontrándose con muchas especies de la vida silvestre de las que sólo había leído o visto en la televisión.

Durante muchos años, Cyril ha explorado la vida silvestre en todo el mundo; desde perezosos y tucanes en los bosques tropicales de Centroamérica hasta elefantes y leones en las sabanas de África Oriental.

Su colección de libros sobre la vida silvestre cubre detalles informativos e imágenes coloridas de muchos animales increíbles que viven en diferentes hábitats y regiones de todo el mundo para que los lectores de todas las edades lo puedan disfrutar.

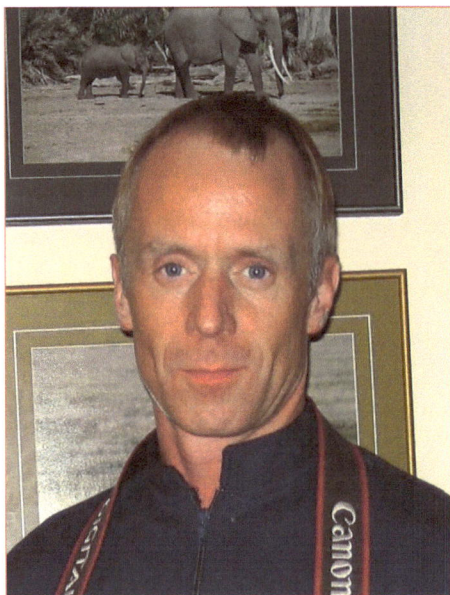